세상은 정의롭거나 평화롭지만은 않아요.
군인이 어린이에게 총칼을 겨누고, 힘센 이들이
힘없는 이들을 억누르고, 피부색이 다르다고 차별하는
야만적인 일들이 곳곳에서 일어나고 있으니까요.
**그런데도 우리가 꿈을 가질 수 있는 것은
김대중, 김수환, 반기문, 달라이 라마
같은 큰 인물들이 자유와 인권을 위해
애쓴 덕분이랍니다.**

제 영어 공부 좀
도와주시면 안
될까요?

추천 감수 김완기

한국아동문학회 중앙위원장, 한국아동문학연구회 수석부회장, 국제펜클럽 회원으로 활동하고 있습니다. 서울신문 신춘문예에 동시가 당선되어 문단에 나왔으며, 한국아동문학작가상, 한정동아동문학상, 대한민국동요대상 등을 받았습니다. 초등학교 국어 교과서 집필·심의 위원, 서울서래초등학교 교장을 지냈습니다. 동화집 〈내 배꼽이 더 크단 말야〉 등 여러 권, 동시집 〈엄마, 이게 행복인가 봐!〉, 이야기책 〈마음이 따뜻한 101가지 이야기〉 등을 썼습니다.

추천 감수 이창수

한국문인협회 아동문학분과 회장, 한국아동문예작가회 명예회장, 한국아동문학회 부회장, 국제펜클럽 회원으로 활동하고 있습니다. 어린이 전문 출판사의 편집장, 주간을 지냈으며, 한국아동문예작품상, 한국아동문학작가상, 김영일아동문학상 등을 받았습니다. 지은 책으로 〈파란 꿈을 먹은 아이들〉, 〈따뜻한 남쪽 나라〉, 〈공포의 진주 동굴〉, 〈우주 여행〉, 〈구조대원 곰돌이〉, 〈화성인과 아기 도깨비〉, 〈백두산에서 감나무골까지〉, 〈바닷속 동굴에서 만난 사람〉 등이 있습니다.

추천 감수 송명호

한국아동문학회 회장, 한국문인협회 상임이사, 국제펜클럽 한국본부 이사로 활동하고 있습니다. 제1회 문화공보부 5월예술상, 제1회 소년한국문학상, 소천아동문학상, 한국문학상, 대한민국문학상, 국제펜문학상 등을 받았습니다. 지은 책으로 동시집 〈다섯 계절의 노래〉, 동화집 〈명견들의 행진〉, 영화 시나리오 〈소만 국경〉, 방송극 〈개벽〉, 장편 아동 소설집 〈전쟁과 소년〉(전5권), 〈똥딴지 독도 탐방대〉, 〈한국·세계 위인 전기〉(전집) 등이 있습니다.

추천 감수 이상현

한국문인협회 이사, 국제펜클럽 한국본부 감사, 한국아동문학회 수석부회장으로 활동하고 있습니다. 조선일보 기자, 서울 교통방송 편성국장을 지냈으며, 숙명여대, 인하대에서 학생들을 가르쳤습니다. 경향신문 신춘문예에 동시가 당선되고 〈현대 시학〉에 시가 추천 완료되어 문단에 나왔으며, 한국문학상, 국제펜문학상, 세종아동문학상, 소천아동문학상, 김영일아동문학상 등을 받았습니다. 지은 책으로 동시집 〈햇빛마을 가는 길〉, 동화집 〈짝꿍〉 등 여러 권이 있습니다.

글 이상각

충남 태안에서 태어나 시인이자 작가로 다양한 글을 썼으며, 최근에는 우리 역사 대중화 작업에 몰두하고 있습니다. 〈동무 생각〉, 〈새우를 꿰어 고래를 낚는다〉, 〈어린이를 위한 고구려 왕조 실록〉, 〈어린이를 위한 신라 왕조 실록〉, 〈어린이를 위한 백제 왕조 실록〉, 〈이산, 정조 대왕〉 등의 책을 펴냈습니다.

그림 한동훈

경성대학교에서 산업디자인을 전공했습니다. 일러스트 그룹 다비전 회원이며, 현재 프리랜서 일러스트레이터로 활동하고 있습니다. 그린 책으로 〈세종 대왕〉, 〈에디슨〉, 〈소금이 필요하듯〉, 〈거인의 정원〉, 〈무신들의 백 년 천하〉, 〈미천왕〉 등이 있습니다.

그림 황유리

이화여자대학교에서 유아교육을 전공하고 2000년 출판미술협회 일러스트 부문 특선을 수상한 후, 지금까지 일러스트레이터로 활동하고 있습니다. 그린 책으로 〈양치기 소년〉, 〈꽃할머니의 마당〉, 〈토끼와 거북이〉, 〈이솝 우화〉, 〈고흐〉 등이 있습니다.

그림 박윤희

보길도에서 태어나 어릴 때부터 자연을 도화지 위에 펼쳐 놓는 것을 좋아했습니다. 종이를 붙여 가며 여러 가지 색을 섞어 표현하는 작업에 흥미를 갖고 있습니다. 그린 책으로 〈우당탕 꾸러기 삼 남매〉, 〈나는 커서 무엇이 될까〉, 〈우리 집은 아프리카에 있어요〉, 〈사진은 어떻게 찍힐까〉, 〈나는 나쁜 친구가 아니야〉 등이 있습니다.

그림 조은애

프리랜서 일러스트레이터로 활동하고 있으며, '구름사다리' 회원입니다. 어린이들을 위한 책에 정감 넘치는 그림을 그리고 있습니다. 그린 책으로 〈우리 몸 이야기〉, 〈배꼽으로 밥 먹었어〉, 〈딸기를 찾아라〉, 〈둥근 세계를 여행하다〉, 〈로봇〉 등이 있습니다.

한국아동문학회 출판문화대상을 받았어요!

지식똑똑 큰인물탐구 28
김대중·김수환·반기문·달라이 라마

총기획 및 발행인 박연환 | **발행처** 통큰세상 | **출판등록** 제25100-2010-11호
연구개발원·회원무료교육센터 | **주소** 경기도 성남시 분당구 금곡동 444-148
대표전화 (031)715-7722·715-8228 | **팩스** (031)786-1100·786-1001
본사 | 서울특별시 강동구 길동 92 신동아파트 제101동 제상가 제1층 101호
대표전화 (02)470-7722 | **팩스** (02)470-8338 | **고객문의** 080-715-7722
편집 김양미, 김범현 | **디자인** 조수진, 우지영, 성지현, 한지희

ⓒ 통큰세상

이 책의 저작권은 **통큰세상**에 있습니다. 본사의 동의나 허락 없이는 어떠한 방법으로도 내용이나 그림을 사용할 수 없습니다.

⚠ **주의** · 다칠 우려가 있습니다. 본 교재를 던지거나 떨어뜨리지 않도록 주의하십시오.
· 고온 다습한 장소나 직사광선이 닿는 장소에는 보관을 피해 주십시오.

지식똑똑 큰인물 탐구 28 자유와 인권

김대중
김수환·반기문
달라이 라마

글 이상각 | 그림 한동훈 외

통큰세상

김대중·김수환 반기문·달라이 라마

어린이 여러분, 전 세계를 무대로 여러분의 큰 꿈을 펼쳐 보세요.

민주화와 통일에 헌신한 김대중
- **08** 우리나라 최초의 노벨상 수상자
- **13** 고난에 찬 정치가의 길을 가다
- **22** 평화로운 세상을 향하여

나라의 큰 어른 김수환
- **28** 나눔과 사랑과 정의의 등불
- **35** 밥 같은 신부가 되어라!
- **40** 영원히 지우지 못할 사람

걸어 다니는 외교 사전 반기문
- **46** 세계의 대통령, 유엔 사무총장
- **48** 외교관을 꿈꾼 어린 시절
- **52** 영어로 세계를 누비다
- **57** 유엔 사무총장이 되어

티베트의 등불 달라이 라마
- **64** 새로 태어난 달라이 라마
- **69** 나라를 빼앗기다
- **74** 비폭력으로 평화를 지키다

민주화와 통일에 헌신한 김대중

우리나라 최초의 노벨상 수상자

2000년 10월 13일, 온 국민이 깜짝 놀랄 일이 일어났어요.
"올해 노벨 평화상 수상자는 대한민국 김대중입니다!"
김대중 대통령이 새 천 년을 시작하는 2000년에 우리나라 사람으로는 최초로 노벨 평화상을 받은 거예요. 이것은 김대중 한 사람의 영광일 뿐만 아니라 우리나라의 영광이었어요.
김대중은 죽을 고비를 여러 차례 넘기면서 살아왔어요. 독재 정권에 머리를 숙이지 않고 민주주의를 지키는 선봉장 역할을 해 왔지요. 그리고 대통령이 되어 남북한의 화해와 협력의 시대를 열었어요.
스웨덴의 노벨상 위원회는 이렇게 말했어요.
"김대중은 동아시아와 대한민국에서 민주주의와 인권 향상에 힘썼습니다. 그리고 50여 년간 계속돼 온 대립을 풀고 북한과의 평화와 화해에 큰 역할을 했습니다."
김대중은 이제 우리나라의 대통령을 넘어 아시아를 대표하고 세계 평화에 큰 업적을 남긴 지도자로 발돋움했답니다.

우리나라 남쪽 바다에 하의도란 섬이
있어요. 이 섬에 가려면 목포에서
뱃길로 두 시간이 걸렸어요.
"이런 섬에 사람이 살고 있을까?"
처음 섬에 오는 사람은 누구나 그렇게 말했어요.
소년 대중은 그 섬에서 여느 아이들처럼 개구쟁이로 자랐어요.
대중이 서당에 다니기 전이었어요.
　　하루는 마을 앞 커다란 나무 그늘에서 봇짐장수가 낮잠을
　　　자고 있었어요.

야, 신기한 물건이 많네. 이거 우리가 갖자!

아이들이 우르르 몰려들어 보따리를 풀자 거울과 빗, 화장품, 회중시계, 담뱃대 따위가 나왔어요.
"야, 신기한 물건이 많네. 이거 우리가 갖자!"
아이들은 제각각 물건을 하나씩 집어 들었어요.
"이건 너 가져!"
한 아이가 대중에게 담뱃대를 내밀었어요.
대중은 싫다고 하다가 아버지의 낡은 담뱃대가 생각났어요.
'새 담뱃대를 갖다 드리면 좋아하실 거야.'
대중은 담뱃대를 들고 집으로 돌아왔어요.
"너, 그게 뭐니?"
어머니의 물음에 대중은 말끝을 흐렸어요.
"담뱃대예요. 아버지 담뱃대가 낡아서……."
"어디서 난 거야?"
어머니가 목소리를 높이며 따지듯이 물었어요.
대중이 사실대로 말하자, 어머니의 얼굴이 무섭게 변했어요.

어린 대중이 아버지를 생각하는 마음은 갸륵하지만…….

"어린 녀석이 도둑질을 해? 당장 회초리 가져와!"
대중은 종아리가 시퍼렇게 멍이 들 때까지 맞았어요.
어머니는 눈물을 뚝뚝 흘리는 대중을 앞세우고 봇짐장수를 찾아가서 담뱃대를 돌려주었어요. 그 일은 대중의 기억에 오래도록 남았어요.

'남의 것은 넘보지 말고, 옳지 않은 일은 누가 시켜도 절대로 하지 않을 거야.'

대중은 서당을 다니다가 보통학교 2학년에 들어갔어요.
어느 날 선생님이 어려운 문제를 냈어요.
"이 문제를 풀 수 있는 사람?"
아무도 손을 들지 않았을 때 대중이 나섰어요.
대중은 앞으로 나가 거침없이 문제를 풀고 답을 적었어요.
"대중이는 산수 실력이 좋구나!"

대중은 암기 과목도 잘했지만 특히 산수 실력이 뛰어났어요.

대중이 보통학교 졸업반이 되었을 때, 아버지는 대중의 공부를 위해서 대대로 살아온 하의도를 떠나기로 했어요.

"대중이가 곧 졸업인데 상급 학교를 가려면 육지로 나가야지."

이사 가는 날, 배 위에서 대중은 바다를 바라보며 다짐했어요.

'열심히 공부해서 부모님의 은혜에 보답하자!'

섬 소년 대중이 육지로 유학을 떠나는군.

고난에 찬 정치가의 길을 가다

목포에 온 대중은 낯선 풍경, 낯선 사람들과 마주쳤어요. 목포에는 일본 사람들이 많이 살았는데, 학교에도 일본 학생들이 많았어요.
"조선 학생에게도 뒤지지 않던 내가 일본 학생에게 뒤질 수는 없어!"
대중은 열심히 공부했어요. 그 결과 제일 보통학교를 수석으로 졸업하고, 당시 유명했던 목포 상업 학교를 수석으로 들어갔어요.
"우아, 대중이는 정말 대단해! 일본 학생들 코를 아주 납작하게 만들었잖아."
대중을 아는 사람들은 칭찬을 아끼지 않았어요.
상업 학교 2학년 때, 일본은 우리나라 사람들에게 강제로 일본식 성명을 쓰라고 강요했어요.

김대중이 목포 상업 학교 시절에 찍은 사진이야.

뒷줄 오른쪽에서 두 번째가 김대중이야.

'자기 이름을 두고 일본식으로 바꾸는 건 부끄러운 일이야!'
대중은 분노를 느꼈지만 어쩔 수 없는 노릇이었어요.
학교에서는 일본인과 경쟁할 일이 많았어요. 그럴 때마다 대중은
이를 악물고 공부했어요.
하지만 일본인들의 억압은 갈수록 심해졌어요.
'이런 식민지에서 공부는 해서 뭘 한단 말인가?'
이때 이미 대중은 옳고 그름에 대한 판단 기준이 확고한
학생이었답니다.
그의 통신표에는 이렇게 씌어 있었어요.

독서를 좋아함. 사물을 비판적으로 보기에 경계할 필요가 있음.

김대중은 이미 어릴 때부터 옳고 그름에 대한 기준이 확고했어.

상업 학교를 졸업한 김대중은 해운 회사에 취직했어요.
어느 날 김대중은 일본 유학을 갔다 온 친구의
여동생을 보고 사랑에 빠졌어요. 두 사람은 곧
결혼하기로 했어요.
그런데 장인 될 어른은 반대했어요.
"언제 전쟁터에 끌려갈지 모르는데…… 결혼은 안 된다."
하지만 두 사람이 정말 깊이 사랑하는 걸 알고 나중엔
허락했어요.
결혼을 하고 넉 달이 지나 해방이 되었어요. 우리 민족이
지긋지긋한 일본의 지배로부터 벗어난 거예요.

김대중은 그동안 모아 둔 돈으로 해운 회사를 차렸어요. 사업은 잘되어 그는 곧 머리 좋고 수완 좋은 사업가로 이름을 날렸지요. 스물다섯 살 되던 해에는 〈목포일보〉를 사들여 신문사 사장이 되었답니다.

사람들은 김대중을 보고 이렇게들 감탄했어요.
"목포에 인물이 났네그려."

김대중은 하는 일마다 성공을 거둬 바쁜 나날을 보냈어요.
그렇지만 세상은 더 이상의 행복을 주지 않았어요.
1950년 여름, 한국 전쟁이 일어났어요. 전쟁 중에 김대중은 서울로 출장을 갔다가 북한군에게 체포되었어요. 죽음이 눈앞에 다가온 듯했지요. 가만히 앉아서 당할 수는 없어 죽음을 무릅쓰고 탈출을

시도했지요. 그 덕분에 그는 목숨을 건질 수 있었어요.

김대중은 처참한 전쟁을 겪으면서 나쁜 정치가 국민들에게 얼마나 큰 고통을 주는지 알게 되었어요.

그는 아내의 손을 잡고 말했어요.

"여보, 나는 전쟁 때 죽은 목숨이나 마찬가지요. 남은 인생은 덤으로 사는 것이니 정치를 해서 이 나라에 보탬이 되고 싶소."

아내는 두 아이의 손을 잡으며 말했어요.

"집안 걱정은 마시고 열심히 하세요."

김대중은 스물아홉 살에 처음으로 선거에 출마했어요.

김대중은 선거에 자신이 있었어요. 목포에서 큰 영향을 끼치는 노동조합이 자신을 지지하고 있었으니까요. 노동조합의 지지를 받으면 당선된 것이나 마찬가지였어요.

그런데 노동조합이 갑자기 태도를 바꿨어요. 김대중의 상대편인 여당 후보를 지지하고 나선 거예요. 알고 보니 여당에서 경찰을 앞세워 노동조합에 겁을 줬던 거랍니다.
결국 김대중은 첫 선거에서 패배하고 말았어요.
그 뒤 잇따라 선거에서 패배했어요. 6년 동안 국회 의원에 세 번 출마했는데, 세 번 모두 떨어졌지요. 그사이 재산도 다 바닥났어요.
불행은 그것만이 아니었어요. 사랑하는 아내가 시름시름 앓다가 세상을 떠났답니다. 아내는 아들 홍일이와 홍업이를 남겼어요.
김대중은 슬픔 속에서 기도를 했어요.
"하느님, 제게 힘을 주십시오. 앞으로 더 많은 사람을 사랑하며 살겠습니다."

1960년 4·19 혁명이 일어나 자유당 독재가 무너졌어요.
이듬해, 김대중은 강원도 인제의 보궐 선거에 출마하여 제5대
민의원이 되었어요. 정치계에 발을 들여놓은 지 7년 만에 첫 당선이
된 거랍니다.
그러나 당선의 기쁨도 아주 잠시뿐, 박정희 육군 소장이 군사
쿠데타를 일으켰어요. 군대의 힘을 이용하여 권력을 강제로 빼앗은
것이지요.
김대중은 의원이 된 지 이틀 만에 민의원에서 쫓겨났어요.
그뿐 아니라 경찰에 붙잡혀 가서 여러 가지 조사를 받았어요.

결국 3개월 만에 죄가
없다고 풀려나긴 했지만
김대중은 힘들고 답답한
나날을 보냈어요.
이때 커다란 힘을 준 사람이
이희호였어요. 두 사람은 부산
피난 시절부터 알고 지내다가
뜻을 같이하는 동지가
되었어요.
1962년 5월, 두 사람은 결혼식을 올렸어요.
억울하게 의원직을 빼앗겼던 김대중은 다시 국회 의원이 되었어요.
그리고 훌륭한 국회 의원으로 이름이 나기 시작했어요.
"김대중 의원이 가장 많은 일을 했습니다."
군인에서 대통령이 된 박정희는 헌법을 고쳐서 세
번째로 대통령이 되려고 했어요.
"박정희에 맞설 수 있는 사람은 김대중뿐이야!"
국민들의 지지를 받은 김대중은 마흔일곱 살에 야당
대통령 후보가 되었어요.
김대중은 온갖 나쁜 선전에 휘말리면서도 당당히
선거를 치러 나갔어요. 그렇지만 결과는 박정희의
승리였어요.

김대중은 독재 정권 아래서 온갖 고난을 겪었어.

국민들은 이렇게 수군거렸어요.
"온갖 부정을 저지른 여당이 고작 94만 표 차이로 이기다니…….
이건 김대중 후보가 이긴 거나 마찬가지야!"
그 뒤 김대중에게 참으로 힘든 가시밭길이 기다리고 있었어요.
박정희 대통령이 영구 집권을 하기 위해 만든 유신 헌법을 반대했기 때문이지요.
당시 정체를 알 수 없는 사람들이 김대중을 납치해 바다에 빠뜨려 죽이려고도 했어요. 그러다가 누군지도 모르는 사람들의 도움을 받아 겨우 구조되었지요.
서울로 돌아온 김대중은 3년 동안 집 안에 갇혀 지내야만 했어요.
그런데 뜻하지 않은 사건이 일어났어요. 1979년 10월, 박정희 대통령이 부하가 쏜 총에 맞아 세상을 떠난 거예요.

"독재가 끝났다! 서울에 봄이 왔다!"
김대중은 비로소 가택 연금에서 풀려났어요.
그러나 김대중의 고난은 거기서 끝나지 않았어요.
1980년 광주 민주화 운동이 일어났어요.
새로 정권을 잡은 군인들은 김대중이 반란을 일으켰다는 죄를 씌워 사형을 선고했어요.

김대중의 사형 판결이 알려지자, 세계의 여론이 들끓었어요.
"김대중의 사형을 취소하라!"
"김대중에게는 죄가 없다!"

전두환 정권은 김대중을 죽일 수 없게 되었어요.
김대중은 그 뒤 미국으로 가서 해외에서 민주화 운동을 하다가 2년 뒤 다시 고국으로 돌아왔답니다.

1980년 광주 민주화 운동 때의 사진이야. 탱크와 시민들의 싸움이라니······.

이때 김대중은 반란을 일으켰다는 죄로 사형 선고를 받았어.

평화로운 세상을 향하여

"나는 죽더라도 조국의 민주주의를 위해 싸우다 죽을 것입니다."
김대중은 고국에 돌아와 민주화를 위한 싸움을 계속했어요.
마침내 1987년 6월 29일, 독재 정권이 항복하고 민주 시대가
열렸어요. 다시 대통령을 국민들의 손으로 직접 뽑게 되었지요.
김대중은 1987년과 1992년에 대통령 자리에 도전했어요.
그러나 여당 후보 노태우와 김영삼에게 밀려 두 번 모두 쓴잔을
들어야 했어요.

"존경하는 국민 여러분! 저는 또다시 국민 여러분의 신임을 얻는 데 실패했습니다. 저는 이제 평범한 시민으로 돌아갑니다."
김대중은 그런 말을 남기고 영국으로 떠났어요. 정치계를 떠난 거지요.
그 뒤 한국의 정치 상황은 변했어요. 김영삼 정부가 끝날 무렵에 외환 위기가 닥쳤어요. 외국과 거래를 할 때 외환이 부족하여 국가 경제가 크게 어려워진 거예요.
국민들은 다시 김대중을 필요로 했어요.
"선생님이 다시 한 번 나서야겠습니다."
"국민을 위해서 다시 정치계로 돌아와 주십시오."

김대중은 국민들의 요구에 따라 다시 정치계로 돌아왔어요.
그리고 마침내 1997년 대한민국 제15대 대통령에 당선되었답니다.
대통령이 된 김대중을 기다리고 있는 것은 어려운 경제 상황이었어요.
외환 위기로 나라가 빚더미에 앉아 있었거든요.
정부와 국민들은 외환 위기를 탈출하려고 안간힘을 썼어요.
그런 노력의 한 가지로 '금 모으기 운동'이 벌어졌어요. 금을 모아
외국에 팔면 부족한 달러를 사들일 수 있었지요.

그렇게 대통령과 국민이 하나가 되어 우리나라는 외환 위기를 이겨 냈어요.

김대중 대통령은 외환 위기를 벗어나자, 북한에 대해 '햇볕 정책'을 썼어요. 햇볕 정책은 남한이 북한에 대해 취하는 화해 정책이에요.

곧 정책의 성과가 나타났어요.

"남북 정상 회담이 평양에서 열립니다."
국민들은 너나없이 큰 박수를 보냈어요.

2000년 6월 13일, 김대중 대통령과 북한의 김정일 국방 위원장이 평양에서 만났어요. 역사적인 순간이었지요.

두 정상은 회담을 하고, 6월 15일에 '남북 공동 선언'을 발표했어요. 이 일로 한반도에 평화의 기운이 무르익었어요.

그리고 그해 겨울, 김대중 대통령은 평화와 민주주의를 위한 공로를 인정받아 노벨 평화상을 받았어요.

그는 이렇게 말했어요.

"행동하지 않는 양심은 악의 편이다."

이 땅의 민주주의와 평화를 위해 한평생을 바친 김대중은 사랑하는 국민들을 남겨 두고 2009년 8월 18일, 세상을 떠났어요.

많은 국민들은 눈물로 그를 보냈답니다.

김대중 정보 파일

금 모으기 운동

김대중이 대통령에 당선된 1997년 우리나라는 그동안 외국에 진 빚이 많아서 국제 통화 기금(IMF)에서 달러를 빌려야만 했어요.
이때 국민들이 자발적으로 자신이 갖고 있던 금을 나라에 기부하는 운동이 일어났어요. 금은 어느 나라에서든지 달러와 바꿀 수 있는 대상이었거든요.
그 당시 대한민국이 외국에 진 빚이 약 304억 달러에 이르렀어요. **나라 안은 물론 외국 동포들까지 약 350만 명이 참여한 이 운동으로 약 227톤의 금이 모였어요.**
이러한 국민 운동은 일제 강점기인 1907년에 일어났던 '국채 보상 운동(나라 빚 갚기 운동)'과 비슷한 성격을 갖고 있어요. 국채 보상 운동의 한 가지로 조선 정부가 일본에 진 빚을 갚으려고 금 모으기 운동을 벌인 적이 있었지요.
국민들이 단합하여 노력한 결과 우리나라는 위기를 잘 이겨 냈어요. 2000년 12월 4일 김대중 대통령은 "우리나라가 IMF 위기에서 완전히 벗어났다."고 공식 발표를 했답니다.

우리 민족은 나라를 위한 애국심이 대단한 것 같아.

금 모으기 운동에 참여한 김수환 추기경을 비롯한 사회 인사들.

김대중 대통령이 금 모으기 운동에 힘쓴 사회 지도자들을 만나는 모습.

김대중 연표

한국사·세계사 연표

김대중 연표	연도	한국사·세계사 연표
전남 신안군 하의면 후광리에서 태어남.	1924	
	1929	세계 대공황 시작됨.
	1930	간디, 소금 행진.
	1939	제2차 세계 대전 일어남.
목포 상업 학교를 졸업.	1943	
차용애 여사와 결혼.	1945	우리나라 해방. 얄타 회담 열림.
〈목포일보〉 사장이 됨.	1948	
	1949	중화 인민 공화국 수립.
	1950	한국 전쟁 일어남.
강원도 인제 민의원 보궐 선거에 당선.	1961	5·16 군사 쿠데타 일어남.
이희호 여사와 재혼.	1962	미국, 쿠바 봉쇄령.
제7대 국회 의원에 당선.	1967	제3차 중동 전쟁.
	1969	아폴로 11호 달 착륙.
	1970	
제7대 대통령 선거에 낙선.	1971	
도쿄 호텔에서 납치됨.	1973	제4차 중동 전쟁.
5·18 광주 민주화 운동 일어남.	1980	
제13대 대통령 선거에 출마하여 떨어짐.	1987	6월 민주화 운동 일어남.
조지 미니 인권상을 받음.	1988	제24회 서울 올림픽 열림.
	1990	소련과 국교 수립.
제14대 대통령 선거에 떨어져 정계 은퇴 선언.	1992	
새정치국민회의 창당.	1995	
제15대 대한민국 대통령에 당선.	1997	IMF 외환 위기 발생.
평양에서 남북 정상 회담을 함. 노벨 평화상을 받음.	2000	
	2001	9·11 세계 무역 센터 건물 폭발 테러 일어남.
8월 18일 서거함.	2009	노무현 전 대통령 서거함.

알타 회담에 참석한 처칠 영국 수상, 루스벨트 미국 대통령, 스탈린 소련 수상.

서울 올림픽을 축하하는 시청 앞 꽃 장식.

5·18 광주 민주화 운동.

나라의 큰 어른 김수환

나눔과 사랑과 정의의 등불

서울 명동 성당 앞에 사람들이 자꾸자꾸 모여들었어요.
어찌나 많은 사람이 모여드는지 사람들의 행렬이 명동 거리를 지나 주변으로 굽이굽이 이어졌어요.
자신을 '바보'라고 한 김수환 추기경이 돌아가신 거예요.
"김수환 추기경은 어떤 분이셨어요?"
누군가 그렇게 물었다면 사람들은 이렇게 대답했을 거예요.
"평생 가난하고 어려운 사람들을 위해 살다 가신 분이지요."
김수환 추기경을 다시 볼 수 없게 되자, 천주교 신자가 아닌 사람들도 명동 성당을 찾았어요.
그런 사람들 속에서 한 기자가 명동 성당 신부에게 물었어요.
"추기경님께서 마지막으로 남기신 말씀은 무엇인가요?"
"서로 사랑하라고 하셨습니다."
"추기경님께서는 평소에 '밥' 같은 사람이 되라고 하셨는데, 그건 무슨 뜻인가요?"
"누군가에게 생명을 이어 주고 도움을 주는 존재가 되라는 뜻이라고 생각합니다."

"천주교 신자가 아닌 분도 많이 찾아오는 이유가 뭘까요?"
"그거야 추기경님께서 세상 모든 사람들에게 존경을 받은 큰 어른이셨기 때문이지요."
신부의 말처럼 김수환 추기경은 우리나라의 큰 어른이었어요. 가난하고 어려운 사람들을 보살피고, 주위에 따뜻한 정을 베풀고, 나라가 길을 잘못 들어서면 쓴소리도 마다하지 않은, 나눔과 사랑과 정의의 등불이었답니다.

이처럼 크나큰 사랑을 베푼 김수환은 1922년 대구에서 5남 3녀 중 막내로 태어났어요.
그때는 일제 시대로 거의 모든 집들이 다 가난했어요. 특히 식구가 많은 수환네 집은 더 가난했지요. 수환이 보통학교에 들어갈 무렵에 아버지가 돌아가시자 집안은 더 어려워졌어요.

수환은 어릴 적부터 심성이 바르고 남달리 정이 많았어.

어린 수환은 한 가지 꿈이 있었어요.
"나는 장사를 해서 돈을 많이 벌 거야!"
수환은 고생하는 어머니를 보고 안타까워했어요.
수환이 장사를 하겠다고 하자, 어머니는 빙그레 웃었어요.
"애야, 넌 신부님이 되는 게 어떻겠니?"
어머니는 심성이 바르고 남달리 정이 많은 수환이 신부님이 되기를 바랐어요. 수환의 집안은 할아버지 때부터 천주교를 믿었답니다.

어머니의 말씀을 한 번도 어긴 적이 없는 수환은 결국 보통학교를 마치고 성 유스티노 신학교에 들어갔어요.
신학교에서는 이것저것 지킬 것이 많았어요. 날마다 새벽같이 일어나 기도를 하고 엄격한 규율을 지켜야 했지요.
'성서를 보고 기도만 하면서 살아갈 수는 없어!'
수환은 학교가 싫어졌어요. 어떻게 해서든지 학교에서 나가고 싶었지요. 그러자 공부도 하기 싫어졌어요.
어느 날, 옷을 갈아입던 수환은 주머니에서 동전을 발견했어요. 당시 신학교에서 학생은 돈을 갖고 있으면 안 된다는 엄한 규칙이 있어서, 돈이 생기면 담당 신부님에게 맡겨 두어야 했어요.

안 그러면 집으로 쫓겨났거든요.
'내가 돈을 갖고 있는 걸 아시면 신부님이 날 쫓아내겠지? 그러면 나는 집으로 갈 수 있어!'
수환은 신부님이 잘 볼 수 있는 곳에 돈을 두었어요.
그러나 며칠이 지나도록 신부님이 부르지 않았어요.
'학교를 그만두는 것도 내 맘대로 안 되네.'
수환의 마음속에 여러 가지 생각이 맴돌았어요.
'이런 방법으로 학교를 그만두는 건 비겁한 짓이야!'
그런데 며칠 뒤 담당 신부님이 수환을 불렀어요.
'아, 드디어 내가 쫓겨날 수 있겠구나!'
수환은 들뜬 마음으로 신부님을 찾아갔어요.
"스테파노, 기도실 청소를 해야겠다."

스테파노는 수환의 세례명이었어요.
신부님은 딱 그 말씀만 하셨어요.
기도실 청소를 하면서 수환은 생각했어요.
'아무래도 동전 따위로 내 앞날을 정하는 건 옳지 않아!'
수환은 동전을 담장 너머로 던져 버렸어요.
그렇다고 수환이 신학교에 잘 적응한 것은 아니었어요. 성 유스티노 신학교를 졸업하고 서울에 있는 동성 상업 학교에 진학했지요.
동성 상업 학교는 갑조와 을조가 있었는데, 갑조는 상업 학교였고, 을조는 신학교였어요.
수환은 한 친구에게 말했어요.
"나도 갑조 학생들과 같은 공부를 하고 싶어!"
"우린 신부가 되려고 하는데 그런 말을 하면 되겠니?"
"난 아직도 내가 꼭 신부가 돼야 하는지 모르겠어."
수환은 2학년 여름 방학을 집에서 보내고 학교로 돌아왔어요.

그러자 더욱 공부가 하기 싫고 자꾸 집으로 가고만 싶었지요.
수환은 신부님에게 말했어요.
"신부님, 제가 병에 걸렸어요. 며칠째 머리가 아프고 콧물이 흘러요. 집에 보내 주세요."
"병에 걸렸으면 병원에 가야지, 집에는 왜 가?"
신부님은 수환을 병원으로 데려갔어요.
수환을 진찰한 의사 선생님은 정말 코에 병이 났다고 했어요.
웬 날벼락인가 싶었지요.
이유야 어찌 됐건, 수환은 코 수술을 하고 집에서 쉬었어요.
쉬는 동안에 수환은 생각했어요.
'집에 오고 싶어서 꾀병을 부렸는데, 진짜 병이 났고 치료를 받게 됐어. 이건 정말 신부가 되라는 하느님의 뜻 같아!'

그때부터 수환은 열심히 공부했답니다.
어느 날, 수환은 도서관에서 한 권의 책을 발견했어요.
가난하고 병든 사람을 위해 기도하고 헌신했던 성녀 테레사의 이야기였어요.
"그래, 성녀 테레사를 본받아 가난하고 병든 사람의 친구가 되겠어."
그렇게 마음먹자, 수환은 비로소 자신의 앞날이 환하게 보이는 것 같았어요.

수환이 신부가 된 건 하느님의 뜻이 분명해.

밥 같은 신부가 되어라!

수환이 학생이던 시절에는 일본이 우리나라를 다스렸어요.
어느 날 시험에 이런 문제가 나왔어요.
'일본 백성으로서 느낀 점을 쓰시오!'
수환은 몹시 화가 났어요. 그래서 아무것도 안 쓰고
시험지를 내려고 하다가 이렇게 썼어요.
'나는 일본 백성이 아니라서 느낀 점이 하나도 없음!'
수환은 이 일로 퇴학을 당해도 좋다고 생각했어요.
시험지를 본 신부님은 분명히 화를 낼 테고, 어쩌면 일본 순사에게
잡혀갈지도 모른다고 생각했지요.
그런데 담당 신부님은 수환의 어깨를 다독이며 말했어요.
"스테파노, 넌 참 용기가 있구나. 너는 꼭 신부가 되어라.
아주 훌륭한 신부가 될 거야!"
퇴학을 당하기는커녕 칭찬을 듣자 수환은 머쓱했어요.
게다가 신부님은 이런 말까지 했어요.
"김수환, 너는 졸업하면 일본 유학을 가라."
수환은 자신의 미래를 고민하다가 신부님의 말을 따르기로 했어요.
수환은 졸업한 이듬해에 일본 유학길에 올랐어요.
그런데 기쁘고 설레어야 할 유학길이 달갑지만은 않았어요.

일본으로 가는 배 안에 징용으로 끌려가는 사람들이 많았거든요.
수환은 가슴이 미어졌지만 현실의 아픔을 달리 삭일 방법이
없었답니다.

얼마 후, 수환에게 뜻하지 않은 일이 닥쳤어요.
"유학생들도 일본을 위해 군대에 가야 하오."

일본은 식민지 조선의 젊은이들을 군대로 내몰았어요.
'도대체 누구를 위해 군대에 간단 말인가?'
억울하고 분했지만 일본의 징병을 피할 방법은 없었어요.
일본에서 군사 훈련을 받은 수환은 태평양 전투 지역으로
파견되었어요. 그러다가 1945년 8월 15일 해방을 맞았어요.
김수환은 고국으로 돌아와 신부가 되려고 성신 대학에 들어갔어요.

그 무렵 마음의 혼란을 일으키는 일을 겪었어요.
먼저 신부가 된 형이 있던 성당에서 한 여인을 알게 된
거예요. 그녀는 김수환을 마음 깊이 사랑하고
있었어요.
"저와 사귈 수 있어요?"
김수환은 고민에 빠졌어요. 그러나 가야 할 길이
있기에 마음을 잡고 이렇게 말했어요.
"저는 신부가 되어야 합니다."
성신 대학을 졸업한 김수환은 서른 살이 되어 사제
서품을 받고 마침내 신부가 되었답니다.

신부님이 되어야 하는데 여인의 고백을 받았으니 어쩌나?

어머니는 눈물을 흘리며
기뻐했어요.
"수환아! 추울 때는 해 같고,
더울 때는 바람 같고, 어두울
때는 달과 별 같고, 배고픈
이들에게는 밥 같은 신부가
되어라!"

그때 김수환은 맹세했어요. 따뜻한 밥 같은 신부가 되겠다고.
신부가 된 김수환은 안동 성당으로 발령을 받았어요.
성당을 둘러본 김수환은 깜짝 놀랐어요.
"세상에, 이렇게 초라한 성당도 있다니!"
성당 주변에 사는 주민들도 모두 가난했어요.
김수환은 신자들을 위한 일이라면 가리지 않고 했어요.
매일 저녁 신자들에게 성경 교리를 가르치고 아픈 사람을 위해서

열심히 기도했지요.
가뭄이 든 논에는 직접 물지게를 지고
물을 퍼 날랐고요.
"아이고, 신부님이 이러시면
죄송스러워서 어쩝니까?"
"신부도 농사일을 할 줄 압니다.
가만히 앉아 있을 수 있나요."

김수환은 그렇게 신자들과 어울리며
성당을 이끌어 갔어요.
젊은 신부는 안동 성당에 새로운
활력을 불어넣었어요.
그 뒤 김수환은 대구 교구장의
비서가 되었다가 김천 성당 주임 겸
성의 중·고등학교 교장이 되었어요.
젊은 교장 선생님은 학생들의 존경을
받으며 편안하게 지냈어요.

그러던 어느 날 김수환은 생각에 잠겼어요.
'나는 아직 부족한 게 많아. 공부를 더 해야 해!'
그렇게 마음먹은 김수환은 독일 유학을 떠났어요.
김수환은 신학 박사가 되는 것보다는 유럽 사람들의 신앙생활을
살펴보는 것을 더 중요하게 여겼어요.
7년 동안 독일 유학을 마친 김수환은 다시 고국으로 돌아와 가톨릭
신문사 사장을 지냈어요.
가톨릭교회에서 운영하는
가톨릭 신문사는 형편이 그리
좋지 않았어요.
김수환은 그야말로 밤낮을
가리지 않고 열심히 일했어요.

영원히 지우지 못할 사람

김수환은 마흔일곱 살에 서울 대교구장이 되었어요.
대교구장으로 취임하면서 김수환은 이렇게 말했어요.
"교회의 높은 담을 헐고 사회 속에 교회를 심어야 합니다."
그것은 한국 가톨릭교회를 새롭게 하면서 이웃에 봉사하는 교회,
한국의 역사 현실에 참여하는 교회가 될 것이라는 다짐이었어요.
대교구장은 한국 가톨릭교회에서 여러 가지 중요한 일을 해야 하는
자리였어요. 김수환은 높은 자리로 올라가는 것이 부담스러웠어요.
그러나 누군가는 짊어지고 가야 할 십자가라 여기고 주님의 뜻을
기꺼이 받들었어요.
그런데 어느 날 김수환의 은사인 독일의 게페르트 신부가 전화를
했어요.

"김수환 대교구장님, 축하합니다."
"축하라니요? 제 생일도 아니고 무슨……?"
"김 대교구장님이 추기경이 됐어요. 이만하면 축하할
일이지요?"
추기경은 교황 다음가는 성직자예요. 김수환은
자신이 추기경이 된 것보다 한국 교회가 교황청의
인정을 받은 것이 더 기뻤어요.
김수환은 우리나라 최초의 추기경이 되었어요.

김수환이 드디어
추기경이 되었어.
그것도 세계에서 가장
젊은 추기경!

그것도 세계에서 가장 젊은 추기경이었지요.
김수환은 한국 가톨릭교회가 세계 속의 교회로 거듭나기를 바랐어요.
하지만 이때 나라 안의 사정은 몹시 어수선했어요.
"대통령이 장기 집권을 하며 독재를 하고 있다."
사람들은 모였다 하면 수군거렸어요. 그러자 정부는 대통령이나
정부를 비판하는 사람을 모조리 잡아다 가뒀어요. 신문이나 방송도
대통령이 무서워서 바른 소리를 못했어요. 대통령은 국회 동의도
없이 국민의 자유와 권리를 제한할 수 있었어요.
'대통령이 그른 길로 가는데 아무도 바른 소리를 못하는구나!'
보다 못한 김수환은 성탄 자정 미사를 통해 정부를 비판했어요.
"국민의 자유를 강제로 억압해서는 안 됩니다."
김수환의 강론을 들은 사람들은 박수를 치며 좋아했어요.
바로 자신들이 하고 싶은 이야기를 대신 해 주었으니까요.

"역시 김수환 추기경님은 나라의 큰 어른이야."
김수환은 인권과 사회 정의를 위한 일이라면 기꺼이 앞장섰어요.
명동 성당은 '인권과 정의'를 상징하는 장소가 되었지요.

추기경은 늘 이렇게 말했어요.
"가난한 이웃과 약한 사람들의 편에서 생각하십시오."

김수환은 자신을 필요로 하는 곳은 어디든지 달려갔어요.
난지도 쓰레기장, 험한 공사장, 달동네 판자촌, 환자들이 모여 사는 섬 소록도……. 김수환은 어렵게 사는 사람들에게 용기와 희망을 주었어요.
또한 김수환은 북한의 굶주리는 동포에게도 관심을 쏟았어요.
"우리는 굶주림과 질병으로 죽어 가는 북한 동포를 도와주어야 합니다. 우리들의 사랑이 남북을 하나로 만들 것입니다."
추기경의 사랑과 나눔의 정신은 사회 곳곳으로 뻗어 나갔어요.
2009년, 김수환 추기경은 세상을 떠나는 순간에도 병으로 고통받는 이웃을 생각했어요.
"내가 죽거든 내 몸을 아픈 사람들을 위해 써 주세요."
김수환 추기경은 이처럼 가난한 이웃에게 자신의 모든 것을 바친 사람이었어요. 그의 아름다운 사랑과 헌신, 정의를 위한 올바른 양심을 기억하는 사람들은 영원히 그를 가슴에서 지우지 못할 것입니다.

김수환 추기경님은 이 나라를 든든히 떠받친 큰 어른이었어.

김수환 정보 파일

추기경과 밥 이야기

1989년 가톨릭 세계 성체 대회에서 김수환 추기경은 이렇게 말했어요.
"나는 밥이 되고 싶습니다."
우리가 날마다 끼니로 먹는 밥은 참으로 소중한 음식이에요.
그런데 밥에 대해서는 이런 말도 있어요.
"너는 내 밥이야!"
이때 밥은 어떤 사람을 하찮은 존재로 무시할 때 쓰는 말이지요.
김수환 추기경이 밥이 되고 싶다고 할 때 '밥'은 예수가 자신을 낮추고 '세상 모든 사람들의 밥'이 되어 준 것을 말한 거랍니다.
김수환 추기경은 또 '나는 바보다.' 라는 말을 자주 했어요. 스스로 바보라고 여기는 사람은 '어리석고 멍청하다.' 는 뜻만 지닌 바보가 아니에요. 추기경이 말한 바보는 밥과 같은 뜻을 품고 있어요. 남 앞에 자신을 내세우며 으스대는 사람이 아니라 겸손하고 따뜻하게 품어 주는 사람이라는 뜻이 담겨 있지요.

김수환 추기경도 예수처럼 모든 것을 바쳐서 모든 이에게 밥이 되고 싶다고 한 거예요.

1989년 여의도에서 열린 가톨릭 세계 성체 대회 모습.

우아, 교황 요한 바오로 2세의 모습이 보이네!

김수환 연표

대구에서 5남 3녀 중 막내로 태어남.	1922
대구 성 유스티노 신학교에 들어감.	1933
학병으로 입대.	1944
성신 대학(지금의 가톨릭 대학교 신학 대학)에 편입.	1947
신부가 되어 안동 성당으로 발령 받음.	1951
성의 중·고등학교 교장이 됨.	1955
독일 유학길에 오름.	1956
주교에 임명됨.	1966
대주교로 임명되어 서울 대교구장으로 일함.	1968
교황 바오로 6세에 의해 추기경이 됨.	1969
엠네스티 국제 위원회 명예 총재단 한국 대표로 뽑힘.	1973
필리핀 노동자를 비롯한 외국인 노동자를 도움.	1993
'옹기 장학회'를 만들어 어려운 학생들을 도와줌.	2002
2월 16일 선종함.	2009

어머니와 함께한 김수환.

추기경님의 인자한 웃음을 다시 보고싶어.

한국사·세계사 연표

1930	간디, 소금 행진.
1939	제2차 세계 대전 일어남.
1940	
1944	프랑스, 임시 정부 수립.
1947	트루먼 독트린 선언.
1949	중화 인민 공화국 수립.
1950	한국 전쟁 일어남.
1955	아인슈타인 사망.
1956	헝가리 봉기.
1960	
1961	5·16 군사 쿠데타 일어남.
1966	중국, 문화 대혁명.
1969	아폴로 11호 달 착륙.
1973	제4차 중동 전쟁.
1975	베트남 전쟁 끝남.
1980	5·18 광주 민주화 운동 일어남.
1987	6월 민주화 운동 일어남.
1989	독일, 베를린 장벽 무너짐. 톈안먼 사태 일어남.
1991	페르시아 만 전쟁 일어남.
1997	김대중 대통령 당선.
2002	한일 월드컵 개최.
2009	노무현·김대중 전 대통령 서거.
2010	남아프리카 공화국 월드컵.

소금 행진을 벌이는 간디.

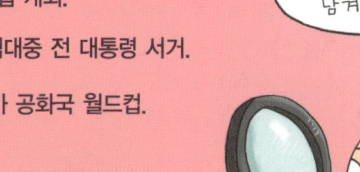
무너지는 베를린 장벽.

추기경님은 가난한 이들의 친구였어.

김수환 추기경님은 우리에게 큰 사랑을 남겨 주셨어.

걸어 다니는 외교 사전 반기문

세계의 대통령, 유엔 사무총장

2006년 12월 15일, 미국 뉴욕에 있는 유엔(국제 연합) 본부에서 한 사람이 왼손을 유엔 헌장에 얹고, 오른손을 들고 선서를 했어요.
"나는 유엔 사무총장으로서 충성과 분별, 양심을 모아 일을 수행하며 유엔의 이익을 위해 행동할 것을 선서합니다."
유엔 회원국 대표들의 뜨거운 박수가 이어졌어요.
박수를 받은 사람은 바로 우리나라의 외교 통상부 장관을 지낸 반기문이었어요. 반기문이 세계의 대통령이라 불리는 유엔 사무총장이 된 거예요.
우리나라 사람이 유엔 사무총장에 당선되었다는 것은 우리나라의 외교가 그만큼 세계적인 힘을 가졌다는 뜻이어서 국가의 커다란 자랑이 아닐 수 없답니다.
유엔 사무총장은 유엔이 하는 모든 일을 조정하고 감독하고, 4만 명이 넘는 유엔 직원들을 관리하지요.
또 나라 간에 분쟁이 일어나지 않게 노력하고, 세계의 평화를 위해 앞장서서 일한답니다.
이처럼 중요한 자리에 당선된 반기문은 어린 시절부터 외교관을 꿈꾼 당찬 아이였어요.

반기문이 세계의 대통령이라 불리는 유엔 사무총장에 당선되었어.

외교관을 꿈꾼 어린 시절

반기문은 1944년, 충청북도 음성에서 태어났어요.
어릴 때부터 똑똑했던 기문은 부모님의 기대를 한껏 받았어요.
"넌 우리 집안의 기둥이다."
기문네 가족은 기문이 초등학교 1학년 때 충주로 이사했어요.
"어이, 파리똥! 공부하냐?"
기문의 별명은 파리똥이었어요. 코 위에 난 점을 보고 친구들이
그렇게 불렀지요. 기문은 공부 잘하는 아이로 소문이 났어요.
"기문아, 이 문제는 어떻게 푸는 거니?"
기문은 친구들에게 수학 문제 푸는 법을 가르쳐 주었어요.
"와, 선생님보다 더 쉽게 가르쳐 주네."
"기문이는 선생님 해도 되겠다."
어느새 친구들은 기문을 '파리똥' 대신
'반 선생님'이라고 불렀어요.

기문은 점점 더 공부하는 걸 좋아하게 되었어요.
친구들은 기문을 보고 이렇게 수군댔어요.
"쟨 노는 것보다 공부하는 게 더 좋대."
"초등학생이 밤늦게까지 공부를 하다니!"
5학년 때, 당시 변영태 외무부 장관이 기문의 학교에서 연설을
했어요. 반장인 기문은 맨 앞에서 연설을 들었어요.

"외교관은 전 세계와 우리나라를 이어 주는 사람입니다. 여기 모인 학생들도 열심히 공부해서 나라를 위해 큰일을 하기 바랍니다."
기문은 변영태 장관이 말하는 사람이 바로 자신인 걸 느꼈어요.
'나도 외국에 나가 나라를 위해 일하면 좋겠다.'
그러던 어느 날, 기문은 담임 선생님에게 뜻밖의 말을 들었어요.
"기문이 너 편지 잘 쓰지?"
"편지요? 그리 잘 쓰지는 못하는데……."
기문은 머리를 긁적이며 대답했어요.
"이건 좀 특별한 편지니까 네가 써라. 헝가리에서 소련의 지배를 벗어나려고 국민 봉기가 일어났잖아. 자유를 되찾으려 애쓰는 헝가리 국민들을 도와주라는 탄원서를 유엔 사무총장에게 보내려는 거야. 한번 써 봐."

기문은 집으로 돌아와 편지를 썼어요. 편지를 쓰면서 자유와 평화, 유엔의 역할에 대해 생각했지요.

이튿날, 기문은 전교생이 모인 자리에서 탄원서를 읽어 내려갔어요. 선생님들은 그 모습을 흐뭇하게 바라보고, 아이들은 손뼉을 쳐 주었어요. 이런 경험은 뒷날 기문이 외교관이 되려는 꿈으로 이어졌어요.
중학생이 된 기문은 더욱 열심히 공부했어요.
"외교관이 되려면 영어를 잘해야 해!"
기문은 교과서에 나오는 영어 문장을 하나하나 외웠어요.
중학교 때는 어머니가 돼지를 키우라고 해서 손수레를

기문이는 어릴 때부터 외교관이 될 자질이 많았나 봐.

끌고 동네를 돌며 음식 찌꺼기를 모아 돼지를 길렀어요.
그러면서도 손에서 영어 책을 놓지 않았답니다.
중학교를 수석으로 졸업한 기문은 충주 고등학교로 진학했어요.
그 당시 충주 비료 공장에는 미국인 기술자와 가족들이 와 있었어요.
"미국인들과 직접 대화를 나누면 영어 실력이 늘 텐데……."
기문은 큰마음을 먹고 학교 공부가 끝난 뒤 비료 공장으로 가서
외국인을 만났어요. 처음엔 가슴이 떨려 입도 뻥긋 못했지만 차츰
더듬더듬 말을 할 수 있게 되었지요. 그러자 기문의 영어 실력이 쑥쑥
늘었어요. 기문은 다른 과목도 잘했지만 특히 영어를 잘했어요.
'영어를 정복해야 내 꿈을 이룰 수 있어.'
고등학교 내내 기문은 그렇게 생각했어요.

영어로 세계를 누비다

그 무렵 뜻밖의 기회가 생겼어요.
"서울에서 적십자 영어 대회가 열리는데, 기문이가 나가 봐라.
상을 타면 미국에도 갈 수 있단다."
선생님의 말씀에 기문은 주먹을 불끈 쥐었어요.
'잘하는 아이들이 많겠지만 두려움을 버리고 열심히 하면 돼!'
기문은 걱정을 떨쳐 버리려고 더욱 노력했어요. 잠자는 시간을 줄여
가며 영어 공부에 매달렸지요. 그리고 영어 대회에 나가 마음껏
실력을 뽐냈어요.

마침내 기문은 영어 대회에서 일등을 했어요. 전국의 뛰어난 인재들이 모인 자리에서 충주 시골뜨기가 영어를 가장 잘하는 학생으로 인정받은 거예요.

기문은 가슴이 뿌듯하고 하늘을 날아갈 듯 기분이 좋았답니다.
기문은 고등학교 3학년 때 미국에 갔어요. 세계 각국에서 온 113명의
학생들과 한 달 동안 미국의 주요 도시를 방문한 거예요.
"캐나다, 칠레, 독일, 이란에서 온 아이들과도 말이 통하네?"
기문은 같이 간 곽영훈에게 말했어요.
"당연하지. 영어로 말하는 거니까, 하하."
한국으로 돌아오기 며칠 전 학생들은 미국의 케네디 대통령을
만났어요.

사실 세계 각국의 학생들을 초청한 사람은 바로 케네디 대통령이었어요. 케네디 대통령은 학생들과 악수를 했어요.
"학생의 꿈은 무엇인가요?"
케네디 대통령이 기문에게 물었어요.
"예, 제 꿈은 외교관이 되는 것입니다."
"오, 그래요. 그 꿈을 반드시 이루기 바랍니다."
케네디 대통령이 해 준 격려 한마디는 기문의 꿈을 한껏 부풀리는 역할을 했어요.

반기문이 외무 고시에 합격했어. 나도 축하해!

'그래, 나는 꼭 외교관이 될 거야!'

기문은 오직 외교관의 꿈을 이루려고 서울 대학교 외교학과에 들어갔어요. 외교관이 되려면 외무 고시라는 어려운 시험에 합격해야만 했어요.

밤낮으로 공부를 했기 때문에 코피를 쏟는 일도 자주 있었지요.

그렇게 공부한 끝에 기문은 마침내 대학을 졸업하던 해에 외무 고시에 2등으로 합격했어요.

"기문아, 합격을 축하한다!"

기문은 부모님과 친구들에 둘러싸여 기쁨의 눈물을 흘렸어요. 자신이 그토록 바라던 외교관의 꿈을 이룬 것이지요.

외무 고시에 합격한 사람들은 외교 안보 연구원에서 외교관 업무를 익혔어요. 그 과정도 반기문은 수석으로 마쳤어요.

마침내 정식 외교관이 된 반기문이 외무부에서 사무관으로 일할 때였어요.

하루는 외무부를 관리 감독하는 감사관실에서 그를 찾았어요.

'감사관실에서 왜 날 보자고 하지?'

그럴 만한 일이 없으리라 생각한 반기문은 의아했어요.
감사관실을 찾아가자 감사관이 대뜸 물었어요.
"반기문 사무관, 인도 총영사관에 지원한 게 사실입니까?"
"예, 사실입니다."
"반 사무관은 외무 고시에서 차석을 하고, 외교 안보 연구원에서 수석을 했지요? 그러면 미국 대사관으로 갈 수도 있을 텐데……. 특별한 이유가 있습니까?"

그제야 반기문은 감사관의 질문을 이해했어요.

그 당시 인도는 외교관이 가고 싶어 하지 않는 나라였거든요.

"저는 외무부에서 인도를 담당했습니다. 인도는 생활비도 적게 드는 곳이라 부모님과 동생들을 도와줄 수도 있을 것 같아서……."

"그렇군요. 인도에서 열심히 일하시기 바랍니다."

그렇게 해서 반기문은 인도에서 외교관으로 첫발을 내디뎠어요.

반기문이 인도로 지원한 것은 훌륭한 선택이었어요. 그곳에서 인생의 스승이자 든든한 후원자가 된 노신영 총영사를 만났거든요.

반기문은 그 뒤 유엔 대표부 1등 서기관을 거쳐 국제 연합과 과장으로 일하면서 유엔 사무를 몸에 익혔어요.

반기문은 늘 잊지 않고 마음에 새겨 둔 말이 있었어요.

'다른 사람들을 배려하며 나라를 위해 바르고 성실하게 일하자.'

노신영 총영사는 반기문의 든든한 후원자가 되었어.

왼쪽에서 세 번째 사람이 반기문이고 가운데 있는 사람이 노신영이야.

유엔 사무총장이 되어

반기문은 마흔 살에 폭넓은 공부를 하려고 유학을 떠났어요.
미국 하버드 대학 케네디 행정 대학원에서 행정학을 공부했지요.
공부를 마치고 다시 외무부로 돌아가려고 할 때였어요.
"선배님, 축하합니다. 국무총리 의전 비서관이 되셨습니다."
반기문은 노신영 국무총리의 의전 비서관이 되었어요.
그리고 2년이 지나 2급 이사관으로 승진했어요. 반기문의 승진은
비슷한 경력을 가진 동료나 선배들보다 훨씬 빨랐어요.
반기문은 빠르게 승진하는 것이 마음에 걸렸어요.
외무부에는 반기문보다 나이 많은 선배들이 많았어요.
승진이 발표되면, 반기문은 외무부 직원들에게 편지를 보내 '저만
일찍 승진해서 미안합니다.' 하고 사과했어요.
편지를 받은 선배들은 이렇게 말했어요.
"역시 반기문은 예의 바른 후배야!"
남을 배려할 줄 아는 반기문을 모두가
좋아했어요. 그래서 그에게는 아무도 적이
되지 않았어요.
반기문이 외무부의 2급 이사관일 때였어요.
한 부하 직원이 말했어요.
"이사관님 별명이 뭔 줄 아세요?"

반기문은 똑똑한 데다가 예의도 바른 사람이랍니다.

"글쎄?"
"반 주사님이에요. 이사관님은 저희한테 시키셔도 될 일을 주사처럼 하시잖아요."
주사는 6급 공무원으로 중앙 부서에서 해야 할 일이 가장 많은 직책이었어요.
"하하, 주사라! 그 별명, 마음에 드네. 높은 자리에 오를수록 더 열심히 해야지. 경험은 사람을 현명하게 하잖아."
반기문의 말을 들은 사람은 모두 고개를 끄덕였어요.
반기문은 윗사람이 시키는 일만 하지 않았어요. 스스로 할 일을 찾아서 하고, 늘 앞을 내다보았지요.
반기문이 유엔 대표부 1등 서기관으로 있을 때였어요.
유엔 본부에 함께 근무하는 동료가 반기문을 찾아왔어요.
"반 서기관, 점심이나 같이 합시다."
"아, 다음에 합시다. 나 지금 수업이 있어서……."
"수업이라니? 점심시간에 무슨?"
"하하, 점심시간에 프랑스 어를 배우거든."
"아이고, 지독하군. 지독해!"
동료들은 혀를 내둘렀어요. 이처럼 반기문은 일을 하면서도 항상 공부를 했어요. 세계 곳곳을 누벼야 할 외교관에게 영어만 필요한

것이 아니었으니까요. 다른 언어를 많이 알고
있을수록 좋은 기회가 자주 온다는 걸 그는 알고
있었어요.
반기문의 생각과 실천은 유엔 사무총장이
되는 데 큰 힘이 되었어요.
반기문이 외교 통상부 차관에서 물러난 지
몇 달 뒤였어요. 그사이에 외무부가 외교
통상부로 확대되었지요.
그에게 한 가지 제안이 왔어요.
"유엔 총회 의장이 된 한승수 장관의
비서실장이 되시겠습니까?"

반기문은 잠시 고민했어요. 자신이 그 일을 잘 해낼 수 있을까 싶어서였지요.
반기문은 결국 그 제안을 받아들여 국제 관련 업무와 세계의 정세를 살피는 일을 했어요. 이러한 경력은 나중에 반기문이 유엔 사무총장이 되는 데 결정적인 영향을 주었어요.
반기문은 2004년 외교 통상부의 최고 책임자인 장관이 되었어요.
당시 노무현 대통령이 이런 말을 했어요.
"반기문 장관은 걸어 다니는 외교 사전입니다."
그런 반 장관이 2006년 자랑스럽게도 유엔 사무총장에 뽑혔어요.
국민들은 모두 자신의 일처럼 기뻐했지요.
"우리나라에서도 유엔 사무총장이 탄생했다!"
"세계의 대통령이라는 유엔 사무총장, 만세!"
국민들은 유엔의 도움을 받던 대한민국에서 유엔을 이끄는 지도자가 탄생한 것에 자부심을 느꼈어요.
그 뒤 2011년 6월, 반기문 유엔 사무총장은 192개 회원국의 만장일치로 제9대 유엔 사무총장으로 다시 뽑혔어요. 그동안 인류의 평화를 위해 노력한 점을 인정받은 것이지요.
반기문 유엔 사무총장은 지금 이 순간에도 지구 곳곳을 누비며 세계 평화를 위해 봉사하고 있답니다.

반기문 정보 파일

40여 년 만에 갚은 은혜

반기문 사무총장은 고등학교 3학년 때 대한 적십자 비스타(VISTA) 프로그램에 뽑혀 한국 대표로 미국을 방문했어요.
그때 미국 샌프란시스코에서 일주일 동안은 일반 가정에서 지내는 프로그램이 있었어요. 반기문은 당시 중학교 선생님인 로버트 패터슨 씨 집에 머물렀어요.
반기문은 한국에 돌아오자마자 편지를 보냈고, 대학을 졸업하고 외교관이 된 다음에도 크리스마스 때면 꼬박꼬박 패터슨 여사에게 안부 편지를 보냈어요. 그렇게 이어진 인연은 40년이 넘었어요.
반기문이 유엔 사무총장이 됐다는 소식을 듣고 누구보다도 기뻐한 사람은 패터슨 여사였어요.

"기문 학생이 외교관의 꿈을 이루어 기뻤는데, 유엔 사무총장이 되었다니 더할 수 없이 기쁩니다."

할머니가 된 패터슨 여사는 반기문 유엔 사무총장의 손을 오래도록 잡고 놓지 않았답니다.

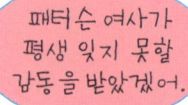

반기문 유엔 사무총장과 패터슨 여사.

반기문 연표

충북 음성에서 4남 2녀 중 장남으로 태어남.	1944
	1945
	1960
	1961
적십자사 초청으로 미국을 방문하여 케네디 대통령을 만남.	1962
충주 고등학교 수석으로 졸업.	1963
	1965
	1967
서울대학교 외교학과 졸업.	**1970**
외무 고시에 합격.	
	1975
주인도 대사관 1등 서기관이 됨.	1976
	1980
노신영 국무총리 의전 비서관이 됨.	1985
주미국 대사관 참사관 겸 총영사가 됨.	1987
	1990
외무부 외교 정책실 실장이 됨.	1992
외무부 제1차관보가 됨.	1996
주오스트리아 대사 겸 빈 국제 기구 대표부 대사가 됨.	1998
외교 통상부 차관이 됨.	**2000**
제56차 유엔 총회 의장 비서실 실장이 됨.	2001
	2002
대통령 비서실 외교 보좌관이 됨.	2003
외교 통상부 장관이 됨.	2004
유엔 제8대 사무총장이 되어 2007년 1월 취임함.	2006
	2009
제9대 유엔 사무총장에 재선됨.	2011

한국사·세계사 연표

	우리나라 해방. 얄타 회담 열림.
	5·16 군사 쿠데타 일어남.
	케네디 미국 대통령 암살.
	미국, 북베트남 폭격 시작.
	제3차 중동 전쟁 시작됨.
	베트남 전쟁 끝남.
	중국, 1차 톈안먼 사태 발생.
	5·18 광주 민주화 운동 일어남.
	6월 민주화 운동 일어남.
	만델라, 28년 만에 석방.
	김영삼 대통령 당선.
	경제 협력 개발 기구(OECD) 가입.
	프랑스 월드컵 개최.
	김대중, 노벨 평화상 받음.
	9·11 세계 무역 센터 건물 폭발 테러 일어남.
	노무현 대통령 당선. 한일 월드컵 열림.
	인도양, 지진 해일 사태.
	김수환 추기경 선종. 노무현·김대중 전 대통령 서거.

톈안먼 광장에 모인 학생들.

잘 자랄 나무는 떡잎부터 안다잖아.

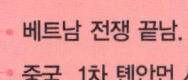

반기문은 걸어 다니는 외교 사전이래요.

반기문 총장은 많은 어린이들에게 꿈을 주었어.

유엔 사무총장이 된 반기문은 우리나라의 자랑이에요.

티베트의 등불 달라이 라마

새로 태어난 달라이 라마

중국 서남쪽에 시짱 자치구가 있어요. 시짱 자치구는 1950년 이전에는 티베트라는 어엿한 독립 국가였어요.
"그런데 지도에는 왜 표시가 안 돼 있나요?"
누군가 그렇게 묻는다면 이렇게 대답할 수밖에 없어요.
"지금은 중국의 지배를 받아 나라가 없어졌지요."
티베트는 남북한을 합친 것보다 다섯 배나 큰 나라예요.
그들의 지도자는 '달라이 라마'로 불렸어요. 티베트 사람들은 모두 달라이 라마를 마음속 깊이 믿고 따른답니다.
그들은 불교를 믿고 환생도 믿어요. 환생은 죽은 사람의 영혼이 새로운 몸으로 다시 태어나는 걸 뜻하지요. 그래서 달라이 라마도 다시 태어난다고 믿었어요.
1933년에 열세 번째 달라이 라마가 세상을 떠났어요.
"어딘가에서 새로운 달라이 라마 님이 태어나실 겁니다."
티베트 국민들은 새로운 달라이 라마가 태어나기를 기대했어요.
승려들은 달라이 라마를 찾아 나섰어요.

'달라이 라마'는 '바다와 같은 지혜를 가진 스승'이란 뜻이야.

환생한 달라이 라마를 찾는 일은 쉽지 않았어요.
새로운 달라이 라마를 찾을 때까지 나라를 다스리기로 한 레팅 린포체와 승려들은 라모이 라초 호수를 찾아갔어요.
이 호수는 티베트의 수도 라사에서 남쪽으로 150킬로미터 떨어진 곳에 있는데, 사람들이 신성하게 여기는 곳이었어요.
일행이 호수에 다다랐을 때였어요.
"오, 저기 호수를 보십시오!"
호수 위에 신비한 빛이 감돌더니 황금색과 비취색 지붕을 한 사원과 푸른 기와를 얹은 조그만 농가의 모습이 보였어요.
"저 모습을 잘 보아 두십시오."
승려들은 호수에 비친 모습을 눈에 담아 두고 그곳을 찾아 여행을 떠났어요. 그러다 탁처 마을에서 푸른 기와를 얹은 농가를 찾아냈어요.

그곳에는 라모 톤둡이라는 네 살 난 아이가 있었어요.
라모 톤둡은 레팅 린포체를 보자마자 말했어요.
"스님은 여전히 제가 드린 염주를 갖고 계시네요."
레팅 린포체는 얼른 무릎을 꿇고 여러 가지 물건들을 펼쳐 놓았어요.
"자, 여기서 라모 님의 물건을 알아보시겠습니까?"
"그럼요."
라모 톤둡은 망설이지 않고 몇 가지 물건을 골랐어요.
그것들은 모두 열세 번째 달라이 라마가 쓰던 물건이었어요.
승려들은 기뻤어요. 라모 톤둡이 다시 태어난 달라이 라마가
틀림없다고 믿었지요.
"라모 톤둡 님, 저희와 함께 라사 궁으로 가시지요."

그러자 라모는 라사 말로 거침없이 말했어요.
"알았어요, 금방 준비할게요."
그때까지 라모는 탁처 마을에 살면서 네 살이 되도록 라사 말을 배운 적도 들어 본 적도 없었어요. 참으로 신기한 일이었어요.
라모는 마침내 환생한 달라이 라마로 알려졌어요.
탁처 마을에서 1935년에 태어난 라모는 열네 번째 달라이 라마가 되었어요.
"달라이 라마 님은 라사의 포탈라 궁에서 사시게 됩니다."
달라이 라마가 된 라모 톤둡은 '텐진 갸초'라는 새로운 이름을 얻었어요.
새로운 달라이 라마는 열심히 공부했어요. 그런데 달라이 라마가 열다섯 살이 되었을 때 나라에 큰일이 생겼어요.

나라를 빼앗기다

1950년, 중국이 군대를 앞세워 티베트를 쳐들어왔어요.
중국은 티베트가 지하자원이 풍부하고, 인도와 네팔, 부탄 같은
나라와 붙어 있어서 무역을 하기에 알맞다고 여겼어요.
"이제부터 티베트는 중국이 지배한다."
달라이 라마는 고민에 빠졌어요.
'우리 티베트가 자유와 평화를 되찾으려면 어떻게 해야 할까?'
티베트 사람들은 나라를 지키려고 저항했어요.
"우리는 중국이 아니다. 티베트는 티베트다!"
"중국 군인은 티베트를 떠나라!"
그러나 중국군은 티베트 사원을 불태우고 수많은 목숨을 빼앗았어요.
"달라이 라마! 우리를 구원해 주세요!"
티베트 사람들의 눈물과 신음 소리가 하늘과 땅에 가득했어요.
달라이 라마는 1951년 초, 인도 국경 지대인 티베트 남부의 야퉁으로
피난을 갔어요.
"나는 언제 죽을지 모릅니다. 그러니 그때에 대비해야 합니다."
달라이 라마는 자신을 대신해서 티베트를 다스릴 수상을 뽑았어요.
중국은 계속해서 티베트를 위협했어요. 그러자 티베트의 대표들이
달라이 라마를 대신해서 중국 베이징으로 가서 협상을 했어요.

그들은 어쩔 수 없이 중국이 제시하는 17개 항목의 조약에 서명했답니다. 그 조약에는 티베트가 중국의 일부로, 국방과 외교권을 중국에 넘겨준다는 내용이 들어 있었어요. 그것은 티베트가 없어지고 중국의 시짱 자치구가 된다는 뜻이었어요.
그러나 달라이 라마는 희망을 잃지 않았어요.

"중국은 군사력으로 티베트를 짓밟았습니다. 하지만 우리가 맞서는 방법은 오직 하나, 비폭력뿐입니다."

달라이 라마는 중국에 대한 비폭력 투쟁을 선언했어요.
중국은 비록 나이는 어리지만 티베트 사람들의 존경을 받는 달라이 라마를 달래기로 했어요. 달라이 라마를 중국으로 초청해 티베트를 개발하는 데 협력해 달라고 꾀어 볼 속셈이었지요.
달라이 라마는 초청을 받아들였어요.

'나는 어떻게 해서든지 중국을 설득해서 17개 항목의 조약을 바꿀 것이다.'

달라이 라마가 중국 베이징에 도착하자, 중국은 성대한 환영회를 베풀며 여러 가지 행사를 벌였어요.
달라이 라마는 전국 공산당 대회에서 연설을 했어요. 티베트의 열아홉 살 난 지도자가 당당하게 연설하는 모습은 온 세계에 알려졌어요.

"중국은 티베트의 독립을 인정해야 합니다. 역사적으로 보나 현실적으로 보나 티베트와 중국은 다른 나라입니다.

음, 과연 달라이 라마의 뜻대로 될까?

중국이 세계 평화에 이바지하려면 티베트를 독립시켜야 합니다.
그러면 온 세계가 기뻐할 것입니다."
중국 정부는 달라이 라마의 연설을 듣고 깜짝 놀랐어요.
"어린 녀석이 만만치 않군. 그냥 내버려 두면 안 되겠어."
달라이 라마는 중국에 있는 동안 확실히 깨달았어요.
'중국인들은 결코 티베트를 독립시키지 않을 거야.'
달라이 라마는 거의 일 년 동안 중국에 머물면서 티베트의 독립을
위해 노력했어요. 그러나 중국인들에게 티베트가 독립을 원한다는
사실만 강하게 알려 주었을 뿐 별다른 성과가 없었어요.

달라이 라마는 라사로 돌아왔어요.
'아무래도 새로운 방법을 찾아야겠다.'
달라이 라마는 1956년 인도로 가서 네루 수상에게 티베트의 독립을 지지해 달라고 호소했어요.
그러나 네루는 조심스러운 입장을 전했어요.
"우리가 직접 도와줄 수는 없습니다. 우리는 중국과 국경을 맞대고 있어서 자칫 전쟁이 벌어질지도 모르니까요."
달라이 라마는 네루 수상에게 실망했어요.
"달라이 라마 님, 이젠 라사도 위험하니 인도에 머무세요."
많은 사람들이 달라이 라마에게 인도에 머물라고 권했어요.

하지만 달라이 라마의 의지는 굳었어요.

"아닙니다. 나는 어려움에 빠진 국민과 함께 있어야 합니다."

달라이 라마는 다시 라사로 돌아왔어요.

그 사이 중국은 티베트에 더 많은 군대를 보내 티베트 사람들을 무자비하게 탄압했어요. 걸핏하면 사원에 불을 지르고 저항하는 승려들을 죽였지요.

달라이 라마는 중국과 협상하면서 끊임없이 비폭력을 요구했어요.

그러자 중국은 달라이 라마를 체포하려고 했어요.

달라이 라마가 체포될지도 모른다는 소문이 퍼지자, 수만 명의 사람들이 달라이 라마가 사는 노블링카 궁을 둘러쌌어요.

중국군은 노블링카 궁을 향해 포탄을 퍼부었어요.

"달라이 라마를 지켜야 한다!"

티베트 동부에서 온 캄파 전사들은 중국군에 처절한 저항을 했어요.

이 전쟁에서 만 명이 넘는 티베트 사람이 죽었어요.

"이곳에 있으면 다 죽게 될 거야. 인도로 가야겠다."

달라이 라마는 인도로 향했어요.

달라이 라마는 멀어지는 티베트 땅을 바라보며 하염없이 눈물을 흘렸어요.

인도로 향하는 달라이 라마의 마음이 얼마나 아팠을까?

비폭력으로 평화를 지키다

달라이 라마는 어렵게 국경을 넘어 인도 북서부 다람살라에 새로운 보금자리를 만들었어요.
다람살라는 히말라야 산맥의 고산 지대였어요. 그곳에는 티베트를 탈출한 난민이 7만 명 넘게 모였어요.
달라이 라마는 사람들에게 용기를 북돋아 주었어요.
"우리는 반드시 나라를 되찾아 티베트로 돌아갈 것입니다. 어떤 어려움이 있어도 희망을 버리지 마세요."
1959년 4월, 다람살라에 티베트 임시 정부가 세워졌어요.
달라이 라마는 임시 정부의 법을 만들고 학교를 세웠어요.
그리고 티베트의 말과 전통을 지키려고 노력했어요.
"우리의 전통을 지키는 것은 바로 나라를 지키는 것입니다."
달라이 라마는 비록 스물네 살밖에 안 된 망명 정부의 지도자였지만 매우 슬기로웠어요. 그는 티베트의 종교와 문화를 지키고 발전시키는 것이 중국에 맞서는 가장 좋은 방법임을 알고 있었어요.
그리고 전 세계에 중국에 비폭력으로 맞서겠다는 뜻을 알리고, 티베트를 도와 달라고 호소했어요.
"티베트는 중국이 부당하게 빼앗은 것입니다."
처음에는 세계 여러 나라가 중국의 눈치를 보느라 나서지 않았어요.

그러나 달라이 라마는 포기하지 않고 세계 곳곳을 다니며 티베트의 독립 운동을 알렸어요. 달라이 라마는 인도 정부와 각국 대사들과 함께 티베트 문제를 논의했어요. 그리고 제14차 유엔 총회가 열리기 직전에 티베트 문제를 회의 안건으로 내놓았어요.

그 결과, 티베트 독립을 위한 결의안이 유엔 총회에서 다루어지게 되었어요. 중국을 빼놓고 온 세계가 티베트의 독립을 긍정적으로 바라본 셈이지요.

"달라이 라마, 힘내세요! 티베트의 평화를 위해 우리도 함께할게요."

티베트의 독립과 평화를 원하는 달라이 라마의 마음이 온 세상에 알려졌어요. 하지만 중국은 더 악랄한 방법으로 티베트 사람들을 괴롭혔어요. 티베트 말을 못 쓰게 하는 것은 물론, 승려들이 종교 행위를 못하게 했어요. 중국인들의 횡포가 날로 심해지자 결국 티베트 사람들의 분노가 폭발했어요.

"더는 참을 수 없다. 티베트에서 중국인을 몰아내자!"

1959년에 달라이 라마가 말을 타고 탈출하는 장면이야.

달라이 라마, 힘내세요! 우리도 응원할게요.

그러자 달라이 라마가 나서서 말렸어요.
"여러분의 마음은 충분히 압니다. 중국은
우리에게 큰 고통을 주고 있습니다. 그렇다고
우리가 그들처럼 폭력을 쓴다면 많은 희생이 따르고
지울 수 없는 상처를 남길 것입니다. 비폭력으로 평화를
위해 싸웁시다."

달라이 라마도 간디처럼 비폭력 운동으로 중국에 맞섰어.

중국의 폭력에 대항해서 줄기차게 비폭력 독립 운동을 한 것이
여러 나라 사람들에게 깊은 감동을 주었어요. 그 노력이 인정을 받아
달라이 라마는 1989년에 노벨 평화상을 받았어요.

"올해 노벨 평화상 수상자인 달라이 라마를 소개합니다."
사진 기자들이 몰려와 잇달아 플래시를 터뜨렸어요.

"티베트는 39년 동안 중국의 지배를 받고 있습니다. 독립이 될 수
있을까요?"
한 기자가 질문하자 달라이 라마가 대답했어요.
"그것보다 훨씬 더 시간이 가도 티베트는 반드시 독립할 것입니다."
"그걸 어떻게 믿을 수 있나요?"
"아무리 오랜 세월이 흘러도 티베트는 그 언어와 문화와 풍속을
지키고 있습니다."
"티베트가 독립된다면 어떤 정부를 세우실 건가요?"
"그야 물론 민주 정부입니다. 티베트는 비록 망명 정부이지만
민주주의의 기초를 실천하려고 노력해 왔습니다."

"비폭력으로 티베트의 독립을 되찾을 수 있을까요?"
"그것은 아주 쉽고도 어려운 질문입니다. 티베트의 고유한 문화와 역사를 지키고 있으면 중국은 우리가 그들과 다른 나라라는 걸 알게 되어 결국 비폭력으로 독립을 할 수 있습니다."

그 뒤로도 달라이 라마는 전 세계 사람들에게 티베트의 어려움을 줄기차게 호소했어요.
"폭력이 아닌 비폭력으로, 전쟁이 아닌 평화로!"

달라이 라마의 호소를 들은 세계인들은 자유와 평화의 소중함을 다시 한 번 깨닫게 되었어요. 달라이 라마는 힘찬 목소리로 말했어요.
"폭력을 사용하는 것은 평화롭게 살기를 포기한 것입니다. 화를 참고 욕심을 버리면 전쟁은 일어나지 않습니다. 나는 마지막으로 이렇게 기도합니다. 우주가 지속되고 생명체가 남아 있는 한, 그때까지 나 또한 세계를 불행에서 건지기 위해 살게 하소서!"
티베트 지도자 달라이 라마의 말은 전 세계 사람들의 가슴에 감동으로 울려 퍼졌어요.
이제 달라이 라마는 일흔다섯이 넘은 할아버지가 되었어요. 하지만 세계인들에게 평화를 일깨우는 일이라면 그 어디라도 힘차게 달려간답니다. 또한 수많은 사람들이 깨우침을 얻으려고 달라이 라마를 찾아가고요.
달라이 라마는 그가 태어난 나라 티베트를 넘어 평화를 바라는 전 세계인의 스승이 되었어요.

달라이 라마는 오늘도 세상 사람들에게 이렇게 말하고 있어요.
"나는 세상 사람들이 모두 평화롭고 행복하길 바라며, 티베트가 하루빨리 독립하기를 원합니다."

폭력을 사용하는 것은 평화롭게 살기를 포기한 것입니다.

달라이 라마 정보 파일

살아 있는 부처

티베트 사람들은 물론 우리나라, 일본, 중국, 스리랑카, 태국, 버마의 많은 사람들이 불교를 믿고 있어요. 불교는 기원전 6세기 무렵에 인도에서 태어난 싯다르타 왕자가 인간의 삶에 대한 깨달음을 얻으면서 시작돼요. 싯다르타는 오랫동안 수행하여 최초의 '부처'가 되었지요.

그 뒤로 다른 부처들이 많이 나타났는데, 달라이 라마를 살아 있는 부처 가운데 한 분으로 여기는 사람들이 많이 있어요.

특히 14대 달라이 라마는 많은 사람들에게 깨달음을 전했어요. 그중 하나가 사람들 사이의 문제를 해결하는 방법으로 비폭력과 대화를 가장 중요하게 생각한다는 거예요.

"증오는 증오를 다스릴 수 없습니다. 사랑만이 증오를 다스릴 수 있습니다."

다른 사람을 사랑하고 베푸는 삶을 살려면 자비심을 가져야 한다고 해요. 그래서 달라이 라마는 항상 웃음을 잃지 말고 기분을 좋게 하라고 충고하지요.

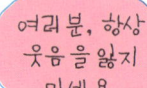

2007년 독일을 방문한 달라이 라마.

달라이 라마 연표

티베트 북동쪽 탁처에서 농부의 아들로 태어남.	1935
13대 달라이 라마의 환생으로 인정받음.	1937
티베트의 지도자로 교육을 받기 시작함.	1940
중국, 티베트 침공함. 14대 달라이 라마가 실질적인 국가 수반이 됨.	1950
중국 지도자들과 티베트 문제를 놓고 협상.	1954
티베트, 중국에 저항해 봉기함. 인도 다람살라에 티베트 망명 정부 세움.	1959
슈바이처 박애상 받음. 불교 승려들, 티베트 독립 요구 시위.	1987
세계 평화와 비폭력주의 실천으로 노벨 평화상을 받음.	1989
'평화와 화합상'을 받음.	1991
'인류를 위한 으뜸상'을 받음.	1993
'세계 안보 평화상'을 받음.	1994
티베트의 독립을 위해 노력하고 있음.	2010

티베트의 등불, 달라이 라마.

달라이 라마는 살아 있는 부처님이래.

티베트 사람들이 얼른 평화를 얻었으면 좋겠어.

한국사·세계사 연표

1936	베를린 올림픽 열림.
1939	제2차 세계 대전 일어남.
1941	일본, 하와이 진주만 기습.
1945	우리나라 해방. 얄타 회담 열림.
1949	중화 인민 공화국 수립.
1950	한국 전쟁 일어남.
1961	5·16 군사 쿠데타 일어남.
1965	미국, 북베트남 폭격 시작.
1967	제3차 중동 전쟁 시작됨.
1969	아폴로 11호 달 착륙.
1980	5·18 광주 민주화 운동 일어남.
1987	6월 민주화 운동 일어남.
1989	베를린 장벽 무너짐. 중국, 톈안먼 사태 일어남.
1991	페르시아 만 전쟁 일어남.
1997	김대중 대통령 당선.
2001	9·11 세계 무역 센터 건물 폭발 테러 일어남.
2010	남아프리카 공화국 월드컵.

일본의 진주만 공격으로 불길에 싸인 미국 전함.

앞으로도 계속 새 달라이 라마가 나타날 거야.

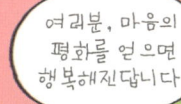
뉴욕에서 발생한 테러 사건으로 무너진 세계 무역 센터 건물.

여러분, 마음의 평화를 얻으면 행복해진답니다.